PRINCIPES

DE

LA RELIGION CHRÉTIENNE,

A L'USAGE

DES ÉCOLES ÉLÉMENTAIRES;

Par MM. les Pasteurs de l'Eglise évangélique de Paris.

A PARIS,

Chez les AUTEURS, rue des Billettes, n° 16, et rue Culture-Sainte-Catherine, n° 58;

MM. TREUTTEL et WÜRTZ, libraires, rue de Bourbon, n° 17;

M. SERVIER, libraire, rue de l'Oratoire, n° 6.

1826.

PRÉFACE.

L'expérience nous ayant fait voir que l'ouvrage intitulé *Précis de la Doctrine chrétienne*, que nous publiâmes il y a quelques années, étoit au-dessus de la portée des plus jeunes et des moins avancés de nos élèves, nous avons proposé au Consistoire de Paris de leur mettre entre les mains un ouvrage plus facile et dans lequel on fît entrer ceux des versets des Cantiques à l'usage du culte public, dont il paroîtroit le plus utile d'orner leur mémoire. Tout Chrétien sait combien il a tiré de consolations et d'édification dans les diverses rencontres de la vie, des morceaux de poésie sacrée qu'il apprit par cœur dans l'âge tendre ; et c'est là l'avantage que nous cherchons à procurer à notre jeunesse en publiant ces feuilles. Nous les avons soumises à l'approbation du Directoire de notre Consistoire général, et ce n'est qu'après avoir obtenu son suffrage que nous les offrons aux familles et aux écoles chrétiennes. Puisse la bénédiction du Ciel reposer sur ce petit ouvrage! Puissent nos élèves y trouver les semences de piété qu'il est si nécessaire de jeter de bonne heure dans leur jeune cœur!

Paris, 1826.

BOISSARD, *Pasteur*. GOEPP, *Pasteur*.

PRINCIPES

DE LA

RELIGION CHRÉTIENNE,

A L'USAGE DES ÉCOLES ÉLÉMENTAIRES.

§ I. Idée de Dieu.

D. N'est-il pas un jour que l'on distingue des autres?

R. Oui, c'est le Dimanche.

D. Que fait-on le Dimanche?

R. On se rend à l'église pour prier, chanter des cantiques et entendre le sermon.

D. De qui est-il question dans ces prières, dans ces cantiques et dans ces sermons?

R. De Dieu, du bien qu'il nous fait, et de ce que nous devons faire pour lui plaire.

D. Qui est Dieu?

R. C'est celui qui nous fait vivre, qui fait luire le soleil, la lune et les étoiles, et qui fait croître toutes les productions de la terre.

Cant. 4, 2; *air* 49: *Wie gross ist des Allmæcht'gen,*
ou *du Ps.* 118.

> Le ciel orné de mille étoiles,
> Et l'aurore d'un beau matin,
> La nuit et ses lugubres voiles,
> Tout, ô Dieu, décèle ta main :
> La fleur des champs te doit son être,
> Le soleil te doit sa splendeur ;

1

(2)

L'univers entier fait connoître
Et ta puissance et ta grandeur.

§ II. Des moyens d'acquérir la connoissance de Dieu.

D. Comment avez-vous appris qu'il existe un Dieu?

R. Par les instructions qui m'ont été données dès mon enfance.

D. Sur quoi se fondent ces instructions?

R. Sur la contemplation des œuvres de la création, par lesquelles Dieu se manifeste, et sur le saint livre de la Bible.

D. Qu'entendez-vous par les œuvres de la création?

R. Le ciel, la terre, et tout ce qu'ils contiennent?

Cant. 6, 1. 2; *air* 28 : *O Gott, du frommer Gott.*

Oui, c'est un Dieu caché que le Dieu qu'il faut croire;
Mais tout caché qu'il est, pour révéler sa gloire,
Quels éloquens témoins, devant moi rassemblés!
Répondez, cieux et mers, et vous, terre, parlez!

*

Quel bras vous suspendit, innombrables étoiles?
Nuit brillante, dis-nous qui t'a donné tes voiles?
O cieux! que de grandeur et que de majesté!
J'y reconnois un maître à qui rien n'a coûté!

D. Que renferme le saint livre de la Bible?

R. Les connoissances que Dieu a communiquées aux hommes.

D. Par qui Dieu leur a-t-il d'abord transmis ces connoissances?

R. Par Adam, le premier homme, puis par les chefs des plus anciennes familles, qu'on nomme les patriarches.

D. Comment se conservèrent-elles dans la suite?

R. Par le moyen des écrits que Moyse, les prophètes et d'autres hommes divinement inspirés, composèrent pour le peuple juif.

D. Quels sont ces écrits?

R. Ceux de l'Ancien-Testament, qui forment la première partie du saint livre de la Bible.

D. Quels principes renferment-ils?

R. Ceux de la religion des Juifs.

D. Cette religion n'a-t-elle pas été perfectionnée?

R. Elle a été perfectionnée et mise à l'usage de tous les peuples de la terre par Notre-Seigneur Jésus-Christ.

D. Les principes de la religion de Notre-Seigneur Jésus-Christ ont-ils aussi été mis par écrit?

R. Ils ont été mis par écrit par ses apôtres, qu'il avoit chargés de prêcher sa doctrine.

D. Où se trouvent ces écrits?

R. Dans le Nouveau-Testament, qui forme la seconde partie du saint livre de la Bible.

D. Comment se nomme la religion qui y est enseignée?

R. Elle se nomme religion chrétienne, et c'est celle que nous avons le bonheur de professer.

Cant. 87, 1 et 4; *air* 49: *Wie gross ist des Allmæcht'gen,*
ou *air du Ps.* 118.

Loi divine, loi de lumière,
Religion de mon Sauveur!

Science simple et salutaire
De mes devoirs, de mon bonheur !
Heureuse l'ame où tu résides ;
Rien n'en trouble la pureté ;
Et le chemin où tu la guides
La mène à la félicité.

★

Puissions-nous, religion sainte !
Aidés de tes divius secours,
Dans l'amour de Dieu, dans sa crainte,
Passer le reste de nos jours !
Et toi, Sauveur, qui dans ta grace
La dictas à tes serviteurs,
O, rends-la féconde, efficace,
En la scellant dans tous les cœurs.

D. Dites-moi l'abrégé de ce que la religion chrétienne nous enseigne à croire.

R. Je crois en Dieu le père tout-puissant, créateur du ciel et de la terre.

Je crois en Jésus-Christ, son fils unique, notre Seigneur, qui a été conçu du Saint-Esprit et est né de la Vierge Marie ; il a souffert sous Ponce-Pilate, il a été crucifié, il est mort, il a été enseveli, il est descendu aux enfers.

Le troisième jour il est ressuscité des morts, il est monté aux cieux, il s'est assis à la droite de Dieu le père tout-puissant, et de là il viendra pour juger les vivans et les morts.

Je crois au Saint-Esprit.

Je crois la sainte Eglise universelle, la communion

(5)

des saints, la rémission des péchés, la résurrection de la chair et la vie éternelle.

D. Comment se nomme cette confession de foi, et quels en sont les points essentiels?

R. Elle est appelée *symbole des apôtres*, et nous enseigne à croire en un seul Dieu, Père, Fils et Saint-Esprit; c'est ce qu'on nomme la sainte Trinité.

§ III. Des perfections de Dieu et de l'œuvre de la création.

D. Nous croyons en Dieu; pouvons-nous le voir?

R. Non, car Dieu est esprit; on ne peut ni le voir ni le toucher, mais on peut penser à lui.

Cant. 2, 1 ; *air* 49 : *Wie gross ist des Allmæcht'gen*, ou *du Ps.* 118.

> Enlevez-moi, saintes pensées,
> Au-dessus du séjour mortel.
> Les bornes à l'homme tracées
> N'enchaînent point l'Etre éternel.
> Sans limites, incorruptible,
> Il vit, il règne dans les cieux;
> Une lumière inaccessible
> Le dérobe à nos faibles yeux.

D. Que devons-nous penser de sa manière d'être?

R. Qu'il existe sans que personne l'ait créé, qu'il a toujours été et qu'il sera toujours.

Cant. 2, 2 ; *air* 49 : *Wie gross ist des Allmæcht'gen*, ou *du Ps.* 118.

> En vain l'esprit fini s'élance
> Pour arriver à sa hauteur;

1*

Qui peut comprendre son essence?
Qui peut s'égaler au Seigneur?
Législateur et Roi suprême,
Ceint de force et de majesté,
Lui seul existe par lui-même,
Et sans lui rien n'eût existé.

D. Quellés sont ses principales perfections ?
R. Il est immuable, présent partout; il sait tout ; il peut faire tout ce qu'il lui plaît; il est tout bon, tout sage, tout saint et tout juste.

Cant. 213, 1 ; *air* 28 : *O Gott, du frommer Gott.*

Maître de nos destins, seul grand, seul adorable,
Seigneur, tu vois du haut de ton trône immuable,
Sans jamais éprouver les atteintes du temps ,
Les siècles s'écouler comme de courts instans.

Cant. 12, 3 et 4; *air* 4 : *An Wasserflüssen.*

Ta science offre à ta vue
Nos désirs et nos destins ;
Ta main , sur nous étendue,
Guide nos pas incertains.
J'ouvre à peine la paupière
Qu'un rayon de ta lumière
M'éclaire de toutes parts ;
Et ta vaste intelligence
Est pour nous un gouffre immense
Où se perdent nos regards.

*

Où fuir? où cacher ma course
A mon juge souverain?

(7)

Il n'est ni lieu ni ressource
Pour échapper à sa main.
Si des airs perçant les routes
Je monte aux célestes voûtes,
Ce Dieu puissant s'offre à moi ;
Des régions du tonnerre
Si je descends sous la terre,
C'est encor lui que je vois.

Cant. 9, 2. 3; *air* 47 : *Wer nur den lieben.*

De son amour tant de miracles,
Ce monde embelli par ses mains,
Seraient-ce là de vains spectacles
A vos yeux, ô faibles humains !
N'y voyez-vous pas ses bienfaits
Briller des plus nobles attraits !

★

O quelle ineffable tendresse !
Les cieux en montrent la grandeur,
La terre en fait voir la richesse,
Le soleil en peint la splendeur.
Si sa gloire brille à jamais,
C'est par l'éclat de ses bienfaits.

D. Comment a-t-il fait exister cet univers ?
R. Par sa toute-puissance il a produit de rien les
cieux, la terre, et toutes les créatures qu'ils renferment.

Cant. 2, 3; *air* 49 : *Wie gross ist des Allmæcht'gen,*
ou *du Ps.* 118.

Mortels ! le monde est son ouvrage,
Louez son nom par vos concerts !

D'esprits créés à son image
Son souffle a peuplé l'univers.
Moi-même, enfant de la poussière,
Il me forma pour le bonheur ;
Grand Dieu ! puisse ma vie entière
Etre un saint hymne à ton honneur !

§ IV. De l'Homme et des Anges.

D. Parmi les êtres que Dieu a produits, quels sont ceux qui peuvent penser à lui ?

R. Les hommes et les anges.

D. Pourquoi le peuvent-ils ?

R. Parce que Dieu leur a donné un esprit capable de réfléchir.

Cant. 85, 1 ; *air* 47 : *Wer nur den lieben Gott.*

Esprit, image de Dieu même,
Créé pour l'immortalité,
O mon ame ! l'Etre-Suprême
T'appelle à la félicité.
Tu dois sans cesse l'honorer,
Il te forma pour l'adorer.

D. Dieu s'est-il contenté de nous donner la faculté de réfléchir ?

R. Il nous a donné de plus celle de vouloir, et les instructions nécessaires pour la bien diriger.

Cant. 85, 2 ; *air* 47 : *Wer nur den lieben Gott.*

Dieu m'a doué d'intelligence,
De raison et de volonté ;

Il m'a donné la connoissance
De ses lois, de sa vérité ;
Chef-d'œuvre de mon créateur,
Je lui dois toute ma grandeur.

D. Nous contraint-il de diriger notre volonté vers le bien ou vers le mal ?

R. Non ; il veut que nous nous déterminions librement à faire le bien.

Cant. 85, 3 ; *air* 47 : *Wer nur den lieben Gott.*

L'image de l'Être-Suprême
Eclate dans ma liberté ;
Je puis par elle être moi-même
L'arbitre de ma volonté ;
Et si je ne veux m'avilir,
Jamais rien ne peut m'asservir.

D. L'ame qui est douée de ces facultés périra-t-elle avec notre corps ?

R. Non ; notre corps est mortel, mais notre ame est immortelle.

Cant. 245, 5. 6 ; *air* 28 : *O Gott, du frommer Gott.*

Qu'est-ce donc que l'instant où l'on cesse de vivre ?
L'instant où de ses fers une ame se délivre ;
Le corps, né de la poudre, à la poudre est rendu ;
L'esprit retourne à Dieu, dont il est descendu.

★

De l'immortalité nourris donc l'espérance,
Mon ame ; un jour ton Dieu, te montrant sa puissance,
Brisera tes liens, et du séjour des cieux
Lui-même t'ouvrira le chemin radieux.

D. A qui donc l'homme peut-il ressembler sous le rapport de son ame ?

R. Aux bons anges, qui sont des esprits bienheureux et qui se plaisent à faire la volonté de Dieu dans le ciel.

D. A qui doit-il craindre de ressembler ?

R. Aux mauvais anges, qui ont abusé de leurs facultés et qui en sont punis.

D. Quel est en conséquence le devoir des hommes?

R. C'est d'aimer le bien, d'honorer Dieu leur créateur, et de se conduire de telle sorte qu'ils puissent être un jour reçus dans la société des bons anges.

Cant. 85, 4; *air* 47 : *Wer nur den lieben Gott.*

Aux chœurs des anges de lumière,
Unis tes accens et tes vœux ;
Célèbre ton céleste Père,
Sois digne de plaire à ses yeux !
Tu peux connoître, aimer, sentir;
Ah ! pense à lui pour le bénir !

§ V. Bonté et sagesse de Dieu.

D. Indiquez quelques-unes des raisons que nous avons de bénir Dieu.

R. Il nous a donné la vie, il nous la conserve, il nous fait trouver sur la terre de bons parens, des amis, et tout ce qui est nécessaire à notre subsistance et à notre bien-être.

Cant. 9, 4; *air* 47 : *Wer nur den lieben Gott.*

Il fit ce beau palais de l'homme;
Il l'enrichit de ses présens;

Tous les trésors qu'on y consomme
Sont des dons faits à ses enfans ;
Il y fait briller à jamais
Sa majesté dans ses bienfaits.

D. Quels sont donc les sentimens de Dieu pour les hommes ?

R. Il les aime comme un père aime ses enfans.

D. Quels sentimens devons-nous avoir pour lui de notre côté ?

R. Nous devons l'aimer, comme de bons enfans aiment leur père.

Cant. 142, 1. 2 ; *air* 52 : *Du klagst und fühlest.*

Je veux, plein de reconnoissance,
O Dieu ! te consacrer mon cœur ;
T'aimer avec persévérance
Est mon devoir, est mon bonheur.

★

Oui, je le sens, ta voix m'appelle,
Qui peut m'arrêter un moment !
Tu créas mon ame immortelle
Pour t'aimer éternellement.

D. Mais si Dieu nous aime, fera-t-il toujours tout ce que nous désirerons ?

R. Non, car nous pourrions désirer des choses qui seraient nuisibles soit à nous-mêmes, soit à d'autres.

D. Comment donc réglera-t-il tout ce qui doit nous arriver?

R. Suivant sa sagesse, qui juge mieux que nous-mêmes de ce qui nous est réellement avantageux.

Cant. 20, 2 ; *air* n° 7 : *Befiehl du deine,* ou *du Ps.* 130.

> Souvent impénétrable
> Dans ses profonds desseins,
> Mais toujours favorable
> Au peuple de ses saints,
> Elle cache ses traces
> Aux fragiles mortels ;
> Mais chaque jour ses graces
> Méritent des autels.

§ VI. Providence de Dieu.

D. Sous quel nom désigne-t-on le soin que Dieu prend de ce monde par sa bonté et par sa sagesse ?

R. Sous le nom de Providence de Dieu.

D. La Providence ne prend-elle soin que de ce monde en général ?

R. Elle veille jusque sur les moindres créatures ; mais c'est aux hommes qu'elle accorde le plus de dons.

Cant. 156, 4 ; *air* 28 : *O Gott, du frommer Gott.*

Sa bonté qui, réglant le cours de la nature,
Même aux oiseaux des cieux prépare leur pàture,
Qui d'un riche tissu revêt les lys des champs,
N'auroit-elle oublié que ses plus chers enfans ?

D. Quel bien Dieu fait-il aux hommes par sa Providence ?

R. Il les assiste et les protège même lorsqu'ils ne peuvent pas s'aider par eux-mêmes.

(13)

Cant. 15, 3; air 57.

Dès que je vis le jour, à mes cris languissans ,
Tu prêtas, Dieu très-haut, une oreille empressée;
Tu m'exauças avant que ma faible pensée
Ait su de la prière emprunter les accens.

D. Continue-t-il à les bénir ainsi pendant toute leúr vie ?

R. Oui, chaque jour ses bienfaits se renouvellent sur nous et sur toutes les créatures.

Cant. 18, 4 ; air 39: Sollt ich meinem Gott.

La nuit, lorsque tout sommeille,
Il prend soin de mon bonheur ;
Le matin, quand je m'éveille,
De joie il remplit mon cœur.
Tendre et charitable père,
Il préside à mes destins;
Je coule des jours sereins
Sous sa garde tutélaire.
Tout prend fin, mais sa bonté
Dure à perpétuité.

D. Mais n'exige-t-il pas que nous cherchions aussi à nous aider par nous-mêmes ?

R. Oui, Dieu veut que nous fassions bon usage des facultés qu'il nous a données, et du temps qu'il nous accorde.

Cant. 200, 1; air 16: Je chanterai, Seigneur.

Réveille-toi, mortel ! deviens utile au monde !
Sors de l'indifférence où languissent tes jours !

Le temps fuit, hâte-toi, demain la nuit profonde
Pour toi peut en borner le cours.

D. En ce cas n'est-ce pas à notre propre activité qu'il faut attribuer nos succès?

R. Non, car nos travaux ne réussiroient pas si Dieu ne les bénissoit; notre vie même ne se prolongeroit pas s'il ne nous la conservoit.

Cant. 20, 3; *air* 7 : *Befiehl du deine Wege,* ou *du Ps.* 130.

Sans toi mon industrie
Ne peut me soutenir;
Dieu, source de ma vie,
Seul tu peux la bénir!
Seul, ô céleste Père!
Tu peux compter mes jours;
Prolonger ma carrière,
En terminer le cours.

D. Avec quels sentimens devons-nous recevoir les bienfaits de la Providence?

R. Avec ceux de la confiance et de la reconnoissance.

Cant. 20, 4; *air* 7 : *Befiehl du deine Wege,* ou *du Ps.* 130.

Divine Providence,
J'adore tes décrets;
Plein de reconnoissance,
J'exalte tes bienfaits.
Tu sais mieux que moi-même
Ce qui fait mon bonheur;

Ta sagesse suprême
A rassuré mon cœur.

D. Savons-nous comment elle jugera à propos de
nous conduire ?

R. Non, car Dieu nous cache ses desseins pour que
nous nous acquittions de nos devoirs avec calme, et
que nous ne nous livrions pas à des inquiétudes inutiles.

Cant. 24 , 5. 6; *air* 28 : *O Gott, du frommer Gott.*

Ce qui doit m'arriver, ô mon souverain maître !
Je me soumets sans peine à ne le pas connoître ;
Je te bénis, Seigneur, de me l'avoir caché ;
Tu m'as, par ce secret, à la vie attaché.

★

J'admire ta bonté, j'admire ta sagesse ;
Et comptant pour jamais, Seigneur, sur ta tendresse,
Je remets avec joie, ô père des humains !
Et ma vie et mon sort en tes puissantes mains.

D. Dieu ne permet-il pas même quelquefois qu'il nous
arrive des malheurs ?

R. Oui, parce que cela est souvent nécessaire pour
nous corriger de nos défauts et pour nous rendre meilleurs.

Cant. 29, 3; *air* 39 : *Sollt ich meinem Gott nicht.*

Comme un bon et sage père
Qui corrige son enfant,
Même en se montrant sévère,
L'aime toujours tendrement ;
Ainsi quand Dieu me châtie,

C'est toujours avec douceur ;
Pour me tirer de l'erreur
Son bras puissant m'humilie.
L'Eternel est mon sauveur,
Mon guide et mon protecteur.

D. Comment devons-nous donc supporter nos malheurs ?

R. Avec patience et résignation, dans l'espoir que
Dieu nous en délivrera, lorsque le but qu'il se propose
en nous les envoyant sera atteint.

Cant. 27, 3. 4; *air* 49 : *Wie gross ist des Allmæcht'gen,*
ou *du Ps.* 118.

Vous qui révérez la puissance
De l'Eternel mon bienfaiteur,
Chantez avec moi sa clémence,
Et son amour, et sa grandeur !
Pour mon salut il me châtie ;
Mais dès qu'avec zèle, avec foi,
Mon cœur devant lui s'humilie,
Aussitôt il revient à moi.

★

Dès que vers lui je me retire,
Aussitôt il me tend la main ;
Et le secours que je désire,
Mon Dieu me l'accorde soudain.
Bénis donc ce grand Dieu, mon ame !
Lui qui m'a toujours écouté ;
Lui qui, lorsque je le réclame,
Comble mes vœux par sa bonté.

Cant. 29, 4 ; *air* 39 : *Sollt ich meinem Gott nicht.*

La douleur et la tristesse
Sont un utile secours
Que sa divine sagesse
Dispense et règle toujours.
Mais, comme l'hiver fait place
Aux doux rayons du printemps,
De même, après mes tourmens,
Dieu tourne vers moi sa face ;
Il se montre mon sauveur,
Mon guide et mon protecteur.

§ VII. De la Rédemption par Jésus-Christ.

D. Comment Dieu a-t-il donné aux hommes la plus grande preuve de ses soins paternels ?

R. En envoyant son fils unique Jésus-Christ pour les éclairer et pour leur apprendre à l'aimer.

Cant. 32, 1 ; *air* 49 : *Wie gross ist des Allmæcht'gen,* ou *du Ps.* 118.

Peuples, célébrez les louanges
Du Roi de la terre et des cieux,
Qui, du haut du séjour des anges,
Sur nous daigne jeter les yeux.
Il nous manifesta sa grace
Quand pour nous il donna son fils,
Et que la splendeur de sa face
Vint éclater sur les Gentils.

Cant. 41, 1. 2 ; *air* 43 : *Vom Himmel hoch,* ou *du Ps.* 100.

Grâces et gloire à l'Eternel !
Le Rédempteur descend du ciel ;

Il vient nous combler des bienfaits
De la lumière et de la paix.

★

Sois béni, fils de l'Éternel !
Sauveur de l'homme criminel !
Au lieu d'encens, au lieu de fleurs,
Reçois l'offrande de nos cœurs.

D. Pourquoi le nommons-nous notre Sauveur et notre Rédempteur ?

R. Parce qu'il a retiré les hommes de l'ignorance et des vices auxquels ils étaient livrés, et qu'il leur a fait connoître la clémence dont Dieu veut user envers eux.

Cant. 31, 3. 5; *air* 28 : *O Gott, du frommer Gott.*

Trop long-temps l'ignorance, en mille maux féconde,
Des ténèbres du crime avoit couvert le monde ;
Le Sauveur les dissipe, et fait d'un jour nouveau
Briller sur l'univers le céleste flambeau.

★

Reçois donc désormais les vœux de tes fidèles ;
Couvre ton peuple saint de l'ombre de tes ailes ;
Comble, divin Sauveur, nos cœurs de tes bienfaits,
Et viens guider nos pas au chemin de la paix !

D. Sous quels noms désigne-t-on les instructions qu'il leur a données ?

R. Sous celui d'*Evangile*, c'est-à-dire de *bonne nouvelle*, à cause du bien infini qu'elles ont fait aux hommes.

Cant. 89, 1. 2; *air* 61.

Religion du Rédempteur du monde !
Source divine, en lumières féconde !

D'un saint transport tu pénètres mon cœur
Par les attraits de ta vive splendeur.

★

Tes vérités, comme des traits de flamme,
En l'éclairant réjouissent notre ame;
Qui les pourroit connoître et recevoir
Sans éprouver leur céleste pouvoir?

§ VIII. De la naissance et de la vie de Jésus-Christ.

D. Comment Jésus-Christ a-t-il fait un si grand bien aux hommes?

R. D'abord en se faisant homme comme nous, et en habitant parmi les hommes pendant trente-trois ans, pour les instruire par ses discours et par ses exemples.

Cant 37, 2; *air* 49 : *Wie gross ist des Allmæcht'gen*, ou *du Ps.* 118.

En lui la suprême puissance
S'allie à la fragilité;
Une éternelle et pure essence
S'unit à notre infirmité.
Semblable à nous il voulut naître
Sous la forme d'un serviteur;
Mais dès-lors même on vit paroître
Les premiers traits de sa grandeur.

D. Comment nomme-t-on cet acte de la charité du Sauveur?

R. On le nomme l'Incarnation de notre Seigneur Jésus-Christ.

D. A quelle époque en célébrons-nous le souvenir ?

R. Aux fêtes de Noël, où nous nous rappelons que le Sauveur est né de la bienheureuse Vierge Marie, dans un état de pauvreté et d'humilité.

Cant. 38, 2; air 47 : Wer nur den lieben Gott.

> Il n'en est pas moins adorable
> Quoiqu'il abandonne les cieux ;
> Pauvre et couché dans une étable,
> Il n'en est pas moins glorieux :
> L'éclat de sa divinité
> Brille dans son humilité.

D. Sa venue dans le monde n'avoit-elle pas été annoncée d'avance ?

R. Oui, elle avoit été annoncée par les prophètes qui avoient paru chez le peuple juif, et qui avoient prédit sa naissance et les principales circonstances de sa vie et de sa mort.

Cant. 38, 1 ; air 47 : Wer nur den lieben Gott.

> Les saints oracles s'accomplissent,
> Le Sauveur naît en Israël :
> La terre et les cieux retentissent
> Des louanges de l'Eternel.
> Tout l'univers chante en ce jour,
> Grand Dieu ! le fils de ton amour.

D. Par qui sa naissance fut-elle célébrée ?

R. Par des anges qui apparurent aux bergers dans les champs de Bethléem, par des mages venus d'Orient, et par les vieillards Siméon et Anne au temple de Jérusalem.

D. A quel danger l'Enfant-Jésus fut-il exposé dès les premiers jours de sa vie ?

R. Le roi Hérode chercha à le faire mourir.

D. Comment fut-il préservé de ce danger ?

R. Marie sa mère et Joseph chargé de veiller sur son enfance le sauvèrent en Egypte.

D. A quelle occasion revint-il du pays d'Egypte ?

R. Après la mort d'Hérode, Joseph et Marie revinrent dans leur patrie et fixèrent, avec l'Enfant-Jésus, leur demeure à Nazareth en Galilée.

D. De quelles vertus nous a-t-il donné l'exemple dans son enfance ?

R. De la soumission à ceux qui prenoient soin de ses premières années, et de la piété avec laquelle il aimoit à s'occuper de ce qui concernoit son père céleste.

D. Comment fit-il voir dans la suite qu'il étoit l'envoyé de Dieu ?

R. Par un grand nombre de miracles, par la sainteté de sa vie, et par l'excellence de ses enseignemens.

Cant. 35, 2; air 34 : Que de Jésus la vie est belle !

De notre cœur il fait son temple,
Il vient éclairer notre esprit,
Et des vertus qu'il nous prescrit,
Lui-même nous donner l'exemple.

D. A qui communiquoit-il ses instructions ?

R. Il instruisoit le peuple en public, et ses douze apôtres en particulier.

D. De quel moyen se servoit-il pour fixer leur attention ?

R. De diverses paraboles ou similitudes, telles que

celles de l'Enfant prodigue, du charitable Samaritain, de l'Ivraie mêlée au bon grain.

D. Que doivent faire ceux qui reçoivent cés instructions ?

R. Le reconnoître pour leur maître, profiter de ses leçons, et suivre son exemple.

Cant. 35, 7. 8; air 34 : Que de Jésus la vie.

Marche avec foi, marche avec zèle
Sur les pas de ton Rédempteur ;
Tu ne parviendras au bonheur
Qu'en le prenant pour ton modèle.

★

Ne permets pas qu'un monde impie
Me détourne de toi, Seigneur !
Pourrois-je lui vouer un cœur
Qui te doit sa paix et sa vie ?

§ IX. Des souffrances et de la mort de Jésus-Christ.

D. Tous ceux qui connoissoient Jésus-Christ furent-ils touchés de ses enseignemens ?

R. Non, Jésus-Christ eut pour ennemis beaucoup d'hommes méchans, et principalement les sacrificateurs juifs.

D. Que firent-ils contre lui ?

R. Ils l'accusèrent devant Ponce-Pilate, gouverneur du pays, d'avoir voulu se déclarer roi des Juifs.

D. Pilate le trouva-t-il coupable ?

R. Non, il proclama son innocence.

D. Que fit-il néanmoins ?

R. Il le condamna par lâcheté à mourir sur la croix.

Cant. 52, 1; *air: Befiehl du deine Wege,* ou *du Ps.* 130.

> D'une ame recueillie,
> Contemplons le Sauveur;
> Il va perdre la vie,
> O spectacle d'horreur !
> Sous la croix qui l'accable
> Il succombe innocent;
> Pour un monde coupable
> Je vois couler son sang.

D. Quelle fut en cette occasion la conduite de Jésus-Christ ?

R. Il pardonna à ses ennemis, pria Dieu pour eux, et recommanda son ame en mourant à son père céleste.

Cant. 46, 3. 4; *air* 47 : *Wer nur den lieben Gott.*

> Victime d'une troupe altière
> De criminels audacieux,
> Il fait à Dieu cette prière,
> Digne d'un envoyé des cieux :
> O mon père, pardonne-leur !
> Leur crime est l'effet de l'erreur.

★

> Quel calme, ô Jésus ! quel courage
> T'anime en ces momens affreux !
> Lorsqu'un peuple aveuglé t'outrage,
> Que tu parois grand à nos yeux !
> Qui peut t'entendre ainsi prier
> Sans s'attendrir, sans t'adorer ?

D. Pourquoi Jésus-Christ se résigna-t-il ainsi à mourir ?

R. Parce qu'il le falloit pour assurer aux hommes le pardon de leurs péchés, en se chargeant de la punition qu'ils avoient méritée.

Cant. 48, 1 et 3; air 7 : Befiehl du deine Wege,
ou du Ps. 130.

Auteur de ma justice !
Tu viens te dévouer
Au plus affreux supplice,
Afin de me sauver.
Mon cœur, dans ta souffrance,
O divin Rédempteur !
Retrouve l'assurance
D'un éternel bonheur.

★

O toi dont la clémence
Assure mon salut !
De ma reconnoissance
Reçois l'humble tribut !
Jusqu'à ma dernière heure,
Sauveur qui meurs pour moi !
Fais que je te demeure
Attaché par la foi.

D. Quels seront les hommes qui obtiendront par lui le pardon de leurs péchés ?

R. Ceux qui auront une véritable foi, c'est-à-dire une vive confiance en ses promesses, et qui marcheront sur ses traces.

Cant. 166, 2. 3; air 19 : Komm her zu mir, ou du Ps. 36.

Viens donc, Seigneur, par ta bonté,
Enrichir de ta vérité

Ma faible intelligence !
Avec la foi, divin Sauveur !
Affermis au fond de mon cœur
Ta céleste espérance.

*

Que toujours, docile à ta voix,
Ma foi, selon tes saintes lois,
En vertus soit féconde !
Active par la charité,
Fais qu'en œuvres de sainteté,
Sous tes yeux elle abonde !

D. A quoi doit de plus nous porter la considération des souffrances de notre Sauveur ?

R. A nous résigner comme lui aux afflictions qu'il pourra plaire à Dieu de nous dispenser.

Cant. 46, 6. 7; *air* 47 : *Wer nur den lieben Gott.*

Ah ! viens m'apprendre à me soumettre
Aux décrets de mon Créateur ;
Dans mes maux, fais-moi reconnoître
Les desseins d'un Dieu bienfaiteur !
Dans mes peines, viens m'enseigner
O Jésus ! à me résigner.

*

Daigne m'inspirer le courage
De tout endurer comme toi !
Donne-moi, Seigneur, en partage
Et ta patience et ta foi !
Ne permets pas que la douleur
Ravisse ta paix à mon cœur !

D. Quels soins prit-on du corps du Seigneur après sa mort ?

R. Joseph d'Arimathée et Nicodème, qui étoient du nombre de ses amis, l'ensevelirent et le mirent dans le sépulcre.

D. A quelle époque célébrons-nous le souvenir de la mort de notre Sauveur ?

R. A la fête du Vendredi-Saint.

D. Le Sauveur a-t-il voulu qu'on en conservât le souvenir ?

R. Oui ; il a institué à cet effet la *sainte Cène*, c'est-à-dire le saint repas, que l'on célèbre dans les temples en mémoire de sa mort.

Cant. 126, 2 ; *air* 28 : *O Gott, du frommer Gott.*

La veille de sa mort il établit la Cène ;
Il veut, tel est l'esprit de sa loi souveraine,
Que de sa table sainte et le pain, et le vin,
Retracent à nos cœurs ses tourmens et sa fin.

§ X. Exaltation de Jésus-Christ.

D. Le corps de notre Seigneur Jésus-Christ demeura-t-il dans le tombeau ?

R. Non ; trois jours après sa mort le Seigneur ressuscita.

Cant. 55, 3 ; *air* 28 : *O Gott, du frommer Gott.*

Il est ressuscité, publions sa victoire,
Adorons sa grandeur et célébrons sa gloire !
Qu'avec nous les élus qui remplissent les cieux
Exaltent par leurs chants son nom majestueux !

Cant. 56, 1; air 49: Wie gross ist des Allmæcht'gen,
ou *du Ps. 118.*

Vainqueur de l'enfer et du monde,
Le fils de Dieu sort du tombeau ;
Aux horreurs d'une nuit profonde
Succède. le jour le plus beau :
La joie a fait fuir la tristesse ;
Peuple heureux, peuple racheté,
Qu'aujourd'hui ta sainte allégresse
Chante Jésus ressuscité !

D. Quel espoir fondons-nous sur cette résurrection ?
R. Nous croyons que Dieu nous destine, comme à notre Sauveur, une vie nouvelle après la mort.

Cant. 62, 1. 4; air 24: Meinen Jesum lass ich nicht.

Mon Rédempteur est vivant,
Le Père le glorifie ;
Par son triomphe éclatant
Il m'assure une autre vie :
Puis-je donc craindre le sort
Dont me menace la mort !

★

L'espoir de l'éternité
Me console et me rassure ;
Je sens l'immortalité
Attachée à ma nature,
Quand je vois mon Rédempteur
Briser la tombe en vainqueur.

D. A qui devons-nous donc nous recommander au moment de la mort ?
R. A notre divin Sauveur.

Cant. 246, 1 ; *air* 9 : *Begleite mich, o Christ.*

Lorsque de ma dernière aurore
Je vois s'éteindre le flambeau,
Quel astre heureux me luit encore
A l'autre bord de mon tombeau !
Daigne alors m'être favorable,
O Jésus, Sauveur adorable !
Me rassurer, me consoler ;
Entends ma dernière prière,
Environne de ta lumière
Mon ame prête à s'envoler !

D. Jésus-Christ lui-même nous autorise-t-il à concevoir l'espoir d'une vie future ?

R. Oui ; il nous dit que comme il vit nous vivrons, quand même nous serions morts.

D. Quand célébrons-nous le souvenir de la résurrection de Jésus-Christ ?

R. Chaque année à la fête de Pâque.

D. Combien de temps le Seigneur passa-t-il encore avec ses disciples après sa résurrection ?

R. Quarante jours, qu'il consacra à leur donner ses dernières instructions et ses derniers ordres.

D. Sur quel point les instruisit-il plus complètement ?

R. Il leur apprit que toute puissance lui étoit donnée dans le ciel et sur la terre.

D. Quel fut l'ordre essentiel qu'il leur donna ?

R. D'aller par tout le monde et de prêcher son Evangile à toute créature humaine, en baptisant, au nom du Père, du Fils et du Saint-Esprit, ceux qui croiroient en lui.

D. Exécute-t-on encore aujourd'hui cet ordre du Sauveur?

R. Oui; les pasteurs prêchent l'Evangile dans les temples, et administrent le saint baptême à ceux qu'on y présente à cet effet, en priant Dieu de les bénir.

D. Que signifie l'eau dont on se sert pour baptiser?

R. Que comme l'eau nettoie le corps, de sorte qu'on puisse le voir avec plaisir, de même la religion chrétienne rend pur et agréable à Dieu celui qui la pratique.

D. Qu'arriva-t-il au Seigneur après qu'il eut institué le baptême et chargé les apôtres de prêcher l'Evangile?

R. Il fut enlevé de la terre, et ses apôtres le virent monter au ciel pour y rentrer en possession de la gloire divine.

Cant. 66, 1; *air* 38 : *Schwing dich auf zu.*

Quel spectacle ravissant !
Quels chants de victoire !
Mon Rédempteur triomphant
Rentre dans sa gloire !
Je vois son front radieux
Ceint du diadème ;
Il reçoit des bienheureux
L'hommage suprême.

D. A quelle époque célébrons-nous le souvenir de cet événement?

R. A la fête de l'Ascension.

D. Quel intérêt avons-nous à le célébrer?

R. L'Ascension de Jésus-Christ nous rappelle qu'il nous prépare nos places dans le ciel, et que du haut des cieux il protège et bénit tous ceux qui l'aiment.

3 *

Cant. 64, 3; *air* 16 : *Je chanterai, Seigneur.*

Dans le palais du Père il marque notre place,
Et sa clémence encor nous bénit chaque jour ;
A tous il nous fait part de son Esprit de grace
   Et des trésors de son amour.

Cant. 66, 2; *air* 38 : *Schwing dich auf.*

Il régnera désormais
   Sur la terre entière ;
Son trépas nous rend la paix,
   Sa loi la lumière ;
Et, réservant à nos vœux
   De nouvelles graces,
Il vole au séjour des cieux
   Préparer nos places.

D. Quand prendrons-nous possession de ces nouvelles demeures que Jésus-Christ nous prépare ?

R. Après notre mort ; car le temps viendra où Jésus-
Christ ressuscitera les morts et jugera tous les hommes
pour rendre à chacun selon ses œuvres.

Cant. 64, 4; *air* 16 : *Je chanterai, Seigneur.*

Un jour le Rédempteur, du trône de sa gloire,
Reviendra pour juger les vivans et les morts ;
Son bras remportera sa dernière victoire
   En rendant la vie à nos corps.

D. Quel sera alors le sort des bons et des méchans ?

R. Les bons auront part à la gloire céleste, et les
méchans recevront la punition de leurs crimes.

Cant. 240, 3; *air* 49 : *Wie gross ist des Allmæcht'gen,*
ou *du Ps.* 118.

Assis sur un trône de gloire,
Venez, dit-il, ô mes élus !
Goûter les fruits de la victoire
Que remportèrent vos vertus !
Et vous, vils esclaves du crime,
Qui foulâtes aux pieds mes dons,
Allez au fond du noir abîme
Partager le sort des démons.

D. Comment faut-il se conduire pour avoir part à la
félicité des justes ?

R. Il faut nous préparer, par la foi en Jésus-Christ,
et par une conduite chrétienne, au jugement qui nous
attend.

Cont. 240, 4; *air* 49 : *Wie gross ist des Allmæcht'gen,*
ou *du Ps.* 118.

A ce grand jour, souverain Juge,
Fais que je prépare mon cœur !
Ouvre à ma faiblesse un refuge
Dans la grâce de mon Sauveur !
Fais qu'en ton amour je demeure !
Que sans remords et sans effroi,
Je puisse voir approcher l'heure
Où je paroîtrai devant toi !

§ XI. Du Saint-Esprit et de l'Eglise chrétienne.

D. Lorsque Jésus-Christ eut quitté ses apôtres, de-
meurèrent-ils sans guide dans le monde ?

R. Non ; le Seigneur leur envoya les secours du Saint-Esprit ?

D. Qui est le Saint-Esprit ?

R. C'est la troisième personne de la sainte Trinité, au nom de qui nous sommes baptisés comme au nom du Père et du Fils, et qui nous aide à devenir meilleurs de jour en jour lorsque nous nous soumettons à sa direction.

Cant. 75, 2; *air* 45 : *Wie herrlich strahlt.*

Infaillible et saint conducteur,
Préserve-nous de toute erreur,
　　Soutiens notre faiblesse !
Puissent tes consolations,
Au sein de nos afflictions,
　　Nous affermir sans cesse !
　　Descends, — Répands
Ta lumière — Salutaire, — Manifeste
　　Sur nous ton pouvoir céleste.

D. Quelle œuvre lui attribuons-nous en conséquence ?

R. Celle de la sanctification.

D. Quand le Saint-Esprit se communiqua-t-il aux apôtres ?

R. Dix jours après l'ascension du Seigneur.

D. Quelle fête célébrons-nous en conséquence ?

R. Celle de la Pentecôte, où nous nous rappelons cette effusion de l'Esprit-Saint sur les apôtres.

D. Quels secours les apôtres reçurent-ils de lui ?

R. La sagesse et le courage dont ils avoient besoin ; le don de parler diverses langues, et celui d'opérer des miracles pour faire voir qu'ils étoient envoyés de Dieu.

Cant. 72, 3. 4 ; *air* 28 : *O Gott, du frommer Gott.*

Douze hommes inconnus qu'un feu céleste anime,
Brisent le joug honteux de l'erreur et du crime ;
Leur voix va publier cet oracle en tout lieu :
Mortels, amendez-vous, et n'adorez qu'un Dieu !

★

Sans armes, sans appui, sans art, sans apparence,
La croix qu'ils annonçoient est leur seule puissance ;
Sans étude, profonds, sans génie, éloquens,
Leurs discours sont suivis de prodiges fréquens.

D. L'Esprit de Dieu nous communique-t-il encore aujourd'hui de tels secours ?

R. Non ; mais nous trouvons dans l'Evangile toutes les heureuses idées qu'il a inspirées aux apôtres.

Cant. 71, 2 ; *air* 49 : *Wie gross ist des Allmæcht'gen,*
ou *du Ps.* 118.

Aux dons qu'ils tenoient de sa grace ,
Si tout nous défend d'aspirer,
Du moins il en est à leur place
Qu'il nous est permis d'espérer ;
Ses préceptes, sa connoissance,
Désormais ce sont là ses dons,
Nous éprouvons son influence
En profitant de ses leçons.

D. Comment sommes-nous d'abord mis à même de profiter de ces leçons de l'Esprit de Dieu ?

R. Par l'éducation chrétienne que nous donnent nos parens, nos instituteurs et nos pasteurs.

Cant. 71, 3 ; *air* 49 : *Wie gross ist des Allmæcht'gen,*
ou *du Ps.* 118.

Lorsqu'à mon ame, jeune encore,
On apprend quel est son devoir ;
Qu'on me fait voir dès mon aurore
Que Dieu seul est tout notre espoir ;
Que le remords fait le supplice
Des cœurs que le péché séduit ;
Lorsqu'on m'enseigne à fuir le vice,
C'est l'Esprit divin qui m'instruit.

D. Dieu a-t-il pourvu à ce que ces instructions salutaires nous fussent continuées pendant toute notre vie ?

R. Oui ; c'est pour cela qu'il a voulu que l'église chrétienne s'établît dans le monde, et que l'Evangile de Jésus-Christ y fût prêché.

Cant. 71, 5 ; *air* 49 : *Wie gross ist des Allmæcht'gen,*
ou *du Ps.* 118.

Dans ce temple, ton sanctuaire,
Où je viens affermir ma foi,
Grand Dieu ! ton Esprit saint m'éclaire
Quand j'entends expliquer ta loi :
Dans cette paisible retraite,
Mon cœur s'ouvre à la vérité ;
Mon ame, heureuse, satisfaite,
Aspire à l'immortalité.

D. Avec quelles dispositions devons-nous assister à la prédication de l'Evangile et aux autres exercises de l'Eglise ?

R. Avec un pieux recueillement et avec un désir sincère d'en profiter.

Cant. 116, 1. 2; *air* 55 : *Liebster Jesu.*

Dans ton temple, ô mon Sauveur !
Je viens chercher la lumière ;
Que ta voix touche mon cœur !
Que ta parole m'éclaire !
Que mon ame recueillie,
En ce saint lieu s'humilie !

★

O Seigneur ! accorde-moi
Ta favorable assistance !
Aux préceptes de ta loi
Ouvre mon intelligence !
Communique à ma faiblesse
Les trésors de ta sagesse !

§ XII. Des lois de Dieu.

D. Quel est le but essentiel des exercices de l'Eglise chrétienne ?

R. C'est de nous rappeler les vérités de l'Evangile, de nous faire connoître les lois de Dieu, et de nous engager à remplir les devoirs qu'elles nous imposent.

D. Où se trouvent les lois de Dieu ?

R. Dans notre conscience, par laquelle Dieu nous fait connoître sa volonté, et qui nous approuve quand nous faisons bien, et nous fait des reproches quand nous faisons mal.

D. Dieu ne nous a-t-il pas fait connoître ses lois par d'autres moyens encore ?

R. Oui ; il s'en trouve un abrégé dans les dix commandemens, qu'on nomme le Décalogue.

D. Quels sont les préceptes du Décalogue ?

R. Écoute, Israël, je suis l'Eternel ton Dieu, qui t'ai tiré du pays d'Egypte, de la maison de servitude.

Tu n'auras point d'autres Dieux devant ma face.

Tu ne te feras aucune image taillée, ni aucune ressemblance des choses qui sont en haut dans le ciel, ni ici bas sur la terre, ni dans les eaux plus basses que la terre ; tu ne te prosterneras point devant elles, et tu ne les serviras point ;

Car je suis le Seigneur ton Dieu, le Dieu fort et jaloux, qui punis jusqu'à la troisième et à la quatrième génération ceux qui me haïssent, et qui fais miséricorde en mille générations à ceux qui m'aiment et qui gardent mes commandemens.

Tu ne prendras point le nom de l'Eternel ton Dieu en vain, car l'Eternel ne tiendra point pour innocens ceux qui auront pris son nom en vain.

Souviens-toi du jour du repos pour le sanctifier.

Tu travailleras six jours, et tu feras toute ton œuvre ; mais le septième jour est le jour du repos de l'Eternel ton Dieu ;

Tu ne feras aucune œuvre en ce jour-là, ni toi, ni ton fils, ni ta fille, ni ton serviteur, ni ta servante, ni ton bétail, ni l'étranger qui est dans tes portes ;

Car l'Eternel a fait en six jours le ciel, la terre, la mer, et toutes les choses qui y sont contenues, et s'est reposé le septième jour.

C'est pourquoi l'Eternel a béni le jour du repos et l'a sanctifié.

Tu honoreras ton père et ta mère, afin que tes jours soient prolongés sur la terre que l'Eternel ton Dieu te donne.

Tu ne tueras point; tu ne te livreras point à l'impureté ; tu ne déroberas point.

Tu ne diras point de faux témoignage contre ton prochain.

Tu ne convoiteras point la maison de ton prochain, ni sa femme, ni son serviteur, ni sa servante, ni son bœuf, ni son âne, ni aucune chose qui soit à ton prochain.

D. Dieu ne nous a-t-il pas donné une connoissance encore plus complète de ses lois?

R. Oui, par l'Evangile de notre Seigneur Jésus-Christ.

D. Comment Jésus-Christ nous a-t-il donné cette idée complète de nos devoirs ?

R. En nous défendant, par sa religion, non-seulement de faire le mal, mais même d'y penser; et en nous enseignant à nous améliorer de jour en jour, et à nous attacher de tout notre cœur à tout ce qui plait à Dieu.

Cant. 89, 5; air 61.

Vous qui cherchez le salut et la vie,
Ecoutez donc la voix de cette amie !
Dans les sentiers de la religion
Tendez sans cesse à la perfection !

D. Comment le Seigneur s'exprime-t-il à ce sujet?

R. Il nous dit : Heureux sont ceux qui ont le cœur pur, car ils verront Dieu! Et : Soyez parfaits comme votre Père céleste est parfait!

Cant. 101, 1 ; *air* 9 : *Begleite mich, o Christ.*

Heureux le cœur juste et sans tache
Qui, devant Dieu, marche avec foi !
Heureux l'homme qui ne s'attache
Qu'aux saints préceptes de sa loi !
Qui, recherchant ses clartés pures,
Est inaccessible aux souillures
De l'odieuse iniquité ;
Qui, craignant son céleste Père,
Ne sort jamais de la carrière
Où le guide la vérité !

D. Quel est le sommaire des lois de Dieu ?

R. Tu aimeras le Seigneur ton Dieu de tout ton cœur, de toute ton ame et de toute ta pensée, et ton prochain comme toi-même.

D. Envers qui ce sommaire nous impose-t-il des devoirs ?

R. Envers Dieu, envers le prochain et envers nous-mêmes.

§ XIII. Devoirs envers Dieu.

D. Quels sont nos principaux devoirs envers Dieu ?

R. De l'aimer, de l'adorer, de lui rendre grâces, de nous confier en lui, de lui obéir de bon cœur, et de craindre de lui déplaire.

D. Comment faisons-nous voir que nous sommes pénétrés de ces pieuses dispositions ?

R. En nous gardant de prononcer le nom de Dieu autrement qu'avec une profonde vénération, en assistant aux exercices du culte, et en respectant le repos des jours qui y sont consacrés.

D. Quel est l'acte essentiel par lequel nous nous affermissons dans ces bonnes dispositions ?

R. Celui de la prière, par lequel nous élevons nos pensées vers Dieu.

Cant. 135, 1 ; *air* 49 : *Wie gross ist des Allmæcht'gen,* ou *du Ps.* 118.

O Dieu ! dans la nature entière
Je vois un temple autour de moi ;
Là je t'adresse ma prière ;
Te prier, c'est penser à toi ;
Te prier, c'est voir ta présence
Remplir toute l'immensité :
C'est mettre en toi sa confiance,
C'est s'attendrir sur ta bonté.

D. Devons-nous prier souvent ?

R. Oui ; nous devons en prendre l'habitude en priant Dieu chaque jour, matin et soir, avec un recueillement religieux.

D. Quand faut-il commencer à prendre cette habitude ?

R. Dès la jeunesse, afin qu'elle nous reste pour toute notre vie.

Cant. 230, 2 ; *air* 63.

Au pied de son trône éternel
Portons au Très-Haut notre hommage !
Allons, par un vœu solemnel,
Lui consacrer notre jeune âge !
Offrons-lui dès notre printemps
Des cœurs zélés pour son service,
Et n'attendons pas nos vieux ans
Pour lui faire ce sacrifice.

D. A quoi nos prières seront-elles utiles ?

R. Elles nous attireront la bénédiction de Dieu, nous encourageront à observer fidèlement ses lois, et nous consoleront dans nos peines.

Cant. 135, 2 et 4; *air* 49 : *Wie gross ist des Allmæcht'gen*, ou *du Ps.* 118.

> Je sais que ma faiblesse extrême
> N'ajoute rien à ta grandeur,
> Mais je remplis envers moi-même
> Un devoir qui me rend meilleur ;
> Je prie, et mon ame attentive
> Aux preuves de ta charité,
> S'échauffe et devient plus active
> Pour le bien de l'humanité.

★

> Si dans un avenir funeste
> Mon œil se perd avec effroi,
> L'unique douceur qui me reste
> C'est d'élever mon ame à toi ;
> Je prie, et bientôt mes alarmes
> Font place à la sérénité ;
> Je prie, et les plus douces larmes
> Soulagent mon cœur agité.

D. Nous est-il permis de demander quelque chose à Dieu dans nos prières ?

R. Il nous ordonne lui-même de lui demander tout ce dont nous avons besoin pour l'ame et pour le corps.

D. Nous exaucera-t-il toujours ?

R. Il nous exaucera toutes les fois que ce que nous lui demanderons sera conforme à sa volonté et réellement avantageux pour nous.

(41)

Cant. 135, 5 ; *air* 49 : *Wie gross ist des Allmæcht'gen,*
ou *du Ps.* 118.

Non, jamais tu ne rends frivoles
Les vœux que j'ose t'adresser ;
Tu m'exauces , tu me consoles
Lorsque tu ne peux m'exaucer ;
Ainsi, Seigneur, chaque prière
Rend heureux ton adorateur ;
Affligé , je prie et j'espère ;
Coupable , je deviens meilleur.

D. Jésus-Christ nous a-t-il recommandé de prier Dieu ?

R. Il en a donné lui-même l'exemple à ses disciples ,
et leur a enseigné la prière que nous nommons l'Oraison
dominicale.

D. Récitez l'Oraison dominicale.

R. Notre Père qui es aux cieux !

Que ton nom soit sanctifié !

Que ton règne vienne !

Que ta volonté soit faite sur la terre comme au ciel !

Donne-nous aujourd'hui notre pain quotidien !

Pardonne-nous nos offenses, comme nous pardonnons
à ceux qui nous ont offensés !

Ne nous laisse pas succomber à la tentation !

Délivre-nous du mal !

Car à toi appartiennent dans tous les siècles le règne,
la puissance et la gloire. Amen.

§ XIV. Explication de l'Oraison dominicale.

D. Comment se divise l'Oraison dominicale ?

R. Elle renferme une invocation , sept demandes et
une conclusion.

4 *

D. Quelle est l'invocation ?

R. Notre Père qui es aux cieux !

D. Quel en est le sens ?

R. Que nous nous adressons à Dieu comme à un père qui nous aime tendrement, et que nous devons révérer parce qu'il est infiniment élevé au-dessus de nous.

Cant. 137, 1 ; *air* 43 : *Vom Himmel hoch,* ou *du Ps.* 100.

> Père, plein de grace et d'amour !
> Toi qui nous bénis chaque jour !
> Exauce-nous du haut des cieux !
> Tu peux seul remplir tous nos vœux.

D. Quelle est la première demande ?

R. Ton nom soit sanctifié !

D. Que signifie cette demande ?

R. Que nous souhaitons que tous les hommes rendent comme nous leurs hommages à Dieu, en s'efforçant de devenir de jour en jour plus justes et plus saints.

Cant. 137, 2 ; *air* 43 : *Vom Himmel hoch,* ou *du Ps.* 100.

> Qu'en tous climats, du fond du cœur,
> L'homme à ton saint nom rende honneur !
> Que partout il t'offre avec foi,
> Le culte qui n'est dû qu'à toi !

D. Quelle est la seconde demande ?

R. Ton règne vienne !

D. Quel en est le sens ?

R. Que nous demandons à Dieu de faire connoître à tous les hommes la sainte religion de Jésus-Christ, et de leur inspirer le désir d'en suivre les préceptes.

Cant. 137, 3 ; *air* 43 : *Vom Himmel hoch,* ou *du Ps.* 100.

> Etends par ton divin Esprit
> Le règne auguste de ton Christ ;

Et que chaque jour ses progrès
Nous comblent de nouveaux bienfaits !

D. Quelle est la troisième demande ?
R. Ta volonté soit faite sur la terre comme au ciel !
D. Que demandons-nous à Dieu par ces paroles ?
R. Que tous les hommes fassent sa volonté de bon cœur, comme les anges la font dans le ciel.

Cant. 137, 4 ; *air* 43 : *Vom Himmel hoch,* ou *du Ps.* 100.

Fléchis notre insensible cœur,
Et que ta volonté, Seigneur !
Soit, d'un accord universel,
Faite en la terre comme au ciel.

D. Quelle est la quatrième demande ?
R. Donne-nous aujourd'hui notre pain quotidien.
D. Quel est le sens de ces paroles ?
R. Que nous demandons à Dieu de nous accorder sur cette terre les choses nécessaires à notre bien-être.

Cant. 137, 5 ; *air* 43 : *Vom Himmel hoch,* ou *du Ps.* 100.

Ouvre ta charitable main !
A tes enfans donne leur pain ;
Puissent-ils, en le recevant,
T'offrir un cœur reconnoissant !

D. Quelle est la cinquième demande ?
R. Pardonne-nous nos offenses comme nous pardon_
nons à ceux qui nous ont offensés.
D. Que demandons-nous à Dieu par-là ?
R. Nous le prions de ne pas nous tenir compte de nos fautes, et nous promettons de notre côté de ne pas nous venger de celles que les hommes ont commises contre nous.

Cant. 137, 6; *air* 43 : *Vom Himmel hoch,* ou *du Ps.* 100.

> Malgré nos péchés, Dieu tout bon !
> Accorde-nous notre pardon,
> Comme nous usons de support
> Envers ceux qui nous ont fait tort.

D. Quelle est la sixième demande ?

R. Ne nous laisse pas succomber à la tentation !

D. Que signifient ces paroles ?

R. Que si l'occasion de faire le mal se présente, ou qu'il nous en vienne la pensée, nous prions Dieu de nous rappeler si vivement notre devoir, que nous ne nous en laissions pas détourner.

Cant. 185, 4; *air* 49 : *Wie gross ist des Allmæcht'gen,*
ou *du Ps.* 118.

> Mon Dieu, garantis-moi des piéges
> Dont m'environne un monde vain !
> Du trône des cieux où tu siéges,
> Daigne étendre sur moi ta main !
> Manifeste dans ma faiblesse
> Ton pouvoir, ta force, Seigneur !
> Veuille exaucer dans ta sagesse
> Ces vœux que t'adresse mon cœur !

D. Quelle est la septième demande ?

R. Délivre-nous du mal !

D. Quel en est le sens ?

R. Nous y demandons à Dieu de venir à notre secours dans toutes les peines auxquelles nous sommes exposés.

Cant. 26, 1. 3; air 18 : In dich hab ich gehoffet.

Lorsque l'orage fond sur toi,
O mon cœur, calme ton effroi,
Invoque Dieu ton père !
Son bras puissant, — En un moment,
Peut finir ta misère.

*

Ce Dieu, du sein de la douleur
Peut faire jaillir ton bonheur,
Attends sa délivrance;
Quiconque en lui — Cherche un appui,
Eprouve sa clémence.

D. Quelle est la conclusion ?

R. Car à toi appartiennent, dans tous les siècles, le règne, la puissance et la gloire.

D. Que signifient ces paroles ?

R. Elles nous rappellent que Dieu gouverne tout ce qui arrive dans ce monde, qu'il peut nous accorder ce que nous lui demandons, et que c'est à lui que nous devons rendre grâces de tous les biens dont nous jouissons.

Cant. 148, 4; air 49 : Wie gross ist des Allmæcht'gen,
ou *du Ps. 118.*

C'est lui qui garde notre vie,
C'est lui qui dirige nos pas;
C'est lui dont la force infinie
Nous protège dans nos combats.
Bénis donc ce grand Dieu, mon ame!
Rends hommage à sa charité!
Toujours, lorsque je le réclame,
J'ai lieu de chanter sa bonté.

D. Que signifie le mot Amen à la fin de nos prières ?

R. Que nous désirons sincèrement ce que nous demandons à Dieu, et que nous le lui demandons avec une parfaite confiance.

§ XV. Devoirs envers nous-mêmes.

D. Quels sont nos principaux devoirs envers nous-mêmes ?

R. De conserver tous les dons et toutes les facultés que nous recevons de Dieu, et d'en faire un digne usage.

D. Quels sont ces dons et ces facultés ?

R. Ce sont les facultés de notre ame, les forces de notre corps et les avantages extérieurs que Dieu nous accorde.

D. Comment pouvons-nous apprendre à faire un bon usage des facultés de notre ame ?

R. En les exerçant et en profitant des bons exemples, des bons conseils et des remontrances qui nous sont adressés.

Cant. 185, 3 ; *air* 49 : *Wie gross ist des Allmæcht'gen,*
ou *du Ps.* 118.

Que les justes me soient sévères !
Qu'ils me reprochent mes erreurs !
Dans leurs leçons les plus austères
Je ne verrai que des faveurs.
Par leur voix, grand Dieu! tu m'éclaires ;
Que leur exemple soit ma loi !
Et que leurs conseils salutaires
M'aident à parvenir à toi !

D. Quel sera l'objet essentiel de ces conseils et de ces remontrances ?

R: De nous porter à nous instruire, à réprimer nos mauvais penchans, et à conserver une conscience pure.

Cant. 180, 2 ; *air* 32 ; *du Ps.* 103.

Sur nos penchans le triomphe sans doute
Est difficile, et toujours il nous coûte ;
Mais qu'il est doux de savoir l'obtenir !
Hâte-toi donc, Dieu soutient ton courage ;
Et du combat où son amour t'engage,
Victorieux il te fera sortir.

D. Comment conservons-nous les forces de notre corps ?

R. En les exerçant par le travail et l'activité, et en nous gardant d'en abuser pour faire le mal.

D. Comment les perdrions-nous par notre propre faute ?

R. Par l'indolence et par le défaut de modération, soit dans le manger, soit dans le boire, soit dans les plaisirs, soit dans la satisfaction de quelqu'un de nos penchans.

Cant. 169, 2 et 4 ; *air* 53 : *W as sorgst du ængstlich.*

Sois tempérant, pieux et sage !
D'un funeste libertinage
Tu vois souvent les tristes fruits ;
Sur tes sens pour garder l'empire,
Tu dois, s'il le faut, t'interdire
Quelquefois des plaisirs permis.

★

Crains l'oisiveté, la mollesse !
Toujours l'ami de la paresse
Est séduit plus facilement ;

L'activité , la diligence ,
Gardent , préservent l'innocence
De tous les piéges du méchant.

D. Quelle règle devons-nous suivre à cet égard ?

R. Celle de ne jamais nous permettre rien qui ne soit honnête , et dont nous n'ayons jamais à rougir ni devant les hommes ni devant Dieu.

Cant. 170, 3 ; *air* 20 : *Lob , Ehr und Preis.*

Je veux fuir de la volupté
　　Les attraits , l'esclavage ;
Et faire de la sainteté
　　Mon éternel partage ;
Fais qu'y trouvant le vrai bonheur,
Je puisse , ô grand Dieu ! de mon cœur
T'offrir le pur hommage !

D. Dieu ne nous a-t-il donné à conserver et à employer utilement que les facultés de l'ame et les forces du corps ?

R. Il nous accorde encore des biens dont nous avons besoin pour vivre.

D. Ces biens sont-ils partagés entre les hommes par portions égales ?

R. Non ; les uns en possèdent plus , les autres moins.

D. Quel devoir nous impose cette inégale distribution des biens de la terre ?

R. Celui de nous contenter du sort que Dieu nous a assigné.

Cant. 168, 5 ; *air* 49 : *Wie gross ist des Allmæcht'gen,*
ou *du Ps.* 118.

Se soumettre à la Providence,
Chaque jour devenir meilleur,

Voir le salut en espérance ,
C'est le chemin du vrai bonheur.
Grand Dieu, que j'apprenne à le suivre !
Que ton Esprit guide mes pas !
Si tu m'enseignes à bien vivre,
Ta paix ne me manquera pas.

D. N'est-il pas permis de chercher à l'améliorer?

R. Oui, nous devons y travailler par une sage industrie et par une économie bien entendue, afin d'être plutôt en état de secourir les autres que de tomber à charge à qui que ce soit.

D. Mais de quoi faut-il nous garder ici?

R. De nous livrer à l'avarice, aux soucis inquiets ou à l'envie.

Cant. 168, 2; *air* 49: *Wie gross ist des Allmœcht'gen,*
ou *du Ps.* 118.

Ne fonde point sur l'opulence ,
L'espoir d'un bonheur permanent;
La piété, la confiance,
Donnent le vrai contentement.
Jouis avec économie
Des biens que Dieu t'a dispensés;
Ne jette point un œil d'envie
Sur ceux qui te sont refusés,

D. Qu'avons-nous à demander à Dieu à cet égard?
R. Nous pouvons lui adresser cette prière :

Cant. 207, 3; *air* 49: *Wie gross ist des Allmœcht'gen,*
ou *du Ps.* 118.

Ne permets pas que l'indigence
Me jette dans le désespoir !

5

Ne permets pas que l'abondance
Me fasse oublier mon devoir !
Garantis mon cœur de l'envie ;
Et fais que, content de mon sort,
Sur ta loi je règle ma vie
En me préparant à la mort.

D. Si nous réglons ainsi notre conduite, quel autre avantage obtiendrons-nous encore ?

R. Nous obtiendrons l'estime de nos semblables et le véritable honneur ; tel est le fruit de la vertu.

Cant. 96, 4 ; *air* 28 : *O Gott, du frommer Gott.*

Nul ne peut ignorer sa dignité sublime ;
Du juste et du pécheur elle gagne l'estime ;
Et de ses nobles faits l'éclat habituel
Attire les regards de la terre et du ciel.

D. Nous est-il permis de rechercher ainsi l'honneur devant les hommes ?

R. Oui ; mais en le recherchant nous devons être toujours modestes, et nous garder de l'orgueil, des prétentions, et du désir de briller, qui nous seroit plus nuisible qu'utile.

Cant. 188, 3 ; *air* 49 : *Wie gross ist des Allmæcht'gen,*
ou *du Ps.* 118.

Ne te laisse jamais séduire
Par un vain éclat de grandeur ;
Mais sache plutôt le réduire
A sa véritable valeur !
Puisqu'au monde il n'est rien de stable,
Que tout passe et fuit à nos yeux,

Si nous voulons un bien durable,
Ne le cherchons que dans les cieux.

§ XVI. Devoirs généraux envers le prochain.

D. Quel est, en général, notre devoir envers les hommes?

R. De leur faire tout le bien que nous pourrons, de leur souhaiter celui que nous ne pouvons pas leur faire, et de nous réjouir de leur bonheur.

D. Comment nomme-t-on la disposition qui nous y porte?

R. La charité ou l'amour des hommes.

D. En quelles relations nous engage-t-elle à nous maintenir avec les hommes?

R. Elle nous porte à aimer la paix, à respecter les droits du prochain, et à user de douceur et de support envers tout le monde.

Cant. 191, 4; *air* 53 : *Was sorgst du ængstlich.*

Que de vertus suivent ta trace,
O charité, fruit de la grace!
Avec toi marchent la douceur,
L'humilité, la bienveillance,
La justice, la patience,
Et la paix, leur aimable sœur.

D. Envers qui faut-il surtout user de douceur et de support?

R. Envers ceux qui manquent à leur devoir ou qui nous offensent, et qui par-là troublent la paix.

D. Comment Dieu nous ordonne-t-il de nous conduire envers eux?

envers eux?

R. Il nous défend de les haïr, et nous ordonne de leur rendre le hien pour le mal et de prier pour eux, afin de parvenir au rétablissement de la paix.

Cant. 195, 1; *air* 35: *Ruhet wohl ihr Todtenbeine.*

> Aimer ceux qui nous haïssent,
> Leur pardonner de bon cœur ;
> Bénir ceux qui nous maudissent,
> Prier pour eux le Seigneur :
> C'est la marque où notre maître
> Promet de nous reconnoître.

D. Quel exemple devons-nous suivre dans la pratique de ce devoir?

R. Celui de Notre Seigneur Jésus-Christ, qui pria sur la croix pour ses persécuteurs ; et celui du Père céleste, qui fait lever le soleil sur les justes et sur les injustes, et qui fait tomber la pluie sur les bons et sur les méchans.

Cant. 195, 3 ; *air* 35 : *Ruhet wohl ihr Todtenbeine.*

> Tu nous donnes ton exemple
> En recommandant la paix ;
> Grand Dieu ! plus je le contemple,
> Plus j'y découvre d'attraits.
> Enflamme-moi d'un saint zèle
> Pour suivre un si beau modèle !

D. Que faut-il observer, de notre côté, pour ne point troubler nous-mêmes la paix?

R. Il faut être juste et équitable, c'est-à-dire se gar der de faire tort à qui que ce soit.

D. Comment pourroit-on manquer à ce devoir?

R. Principalement en ravissant au prochain ses biens, en le trompant par des mensonges, ou bien en le maltraitant de quelque manière que ce soit.

D. Comment s'exprime la loi de Dieu à ce sujet?

R. Elle interdit les actes de violence, la fraude, le larcin, et toute injustice.

Cant. 94, 8; *air* 28 : *O Gott, du frommer Gott.*

Loin de toi le larcin, la fraude et l'artifice;
Consulte constamment la sévère justice;
Sois probe, intègre et droit, et marche sous mes yeux,
Et qu'ainsi l'Éternel te bénisse en tous lieux!

D. A quelles vertus le chrétien s'attache-t-il, en conséquence?

R. A celles de la bonne foi, de la franchise et de la véracité.

Cant. 198, 2; *air* 49 : *Wie gross ist des Allmœcht'gen,*
ou *du Ps.* 118.

Le mortel dont les mains sont pures,
Dont le cœur hait l'iniquité,
Qui, par de lâches impostures,
Ne trahit point la vérité;
Cet homme intègre dans sa voie,
Et véridique en ses discours,
Un jour moissonnera la joie
Dont rien ne doit borner le cours.

D. Ne doit-on se garder de faire tort au prochain que sous le rapport de ses biens?

R. On doit se garder encore de lui faire tort sous le

5*

(54)

apport de la réputation ou de l'honneur, soit par la médisance, soit par la calomnie.

D. Pourquoi la médisance est-elle condamnable?

R. Parce qu'elle découvre sans nécessité les fautes du prochain, et qu'à cet égard, comme à tout autre, nous devons agir envers lui comme nous voudrions qu'il agît envers nous.

Cant. 196, 4; *air* 49 : *Wie gross ist des Allmæcht'gen,*
ou *du Ps.* 118.

Ennemi de la médisance
Qui va publiant le péché,
Sous le voile de l'indulgence
Je saurai le tenir caché.
En un mot, Seigneur, je n'aspire
Qu'à faire, du fond de mon cœur,
Au prochain, ce que je désire
Qu'il veuille faire en ma faveur.

D. Pourquoi la calomnie est-elle condamnable?

R. Parce qu'elle attribue faussement des torts au prochain, et qu'elle unit par conséquent le mensonge à la malveillance.

D. La loi de Dieu proscrit-elle ces péchés contre l'honneur du prochain?

R. Oui; elle nous ordonne de rendre justice aux vertus de notre prochain, et nous interdit la médisance et la calomnie.

Cant. 94, 9; *air* 28 : *O Gott, du frommer Gott.*

Rends justice à ton frère, et fuis la calomnie!
Que son honneur te soit sacré comme sa vie!

Je hais le médisant, j'abhorre le menteur;
Il n'est jamais pour eux de place dans mon cœur.

D. Le chrétien se borne-t-il à respecter les droits d'autrui en ce qui concerne les choses de cette vie?

R. Non; mais comme il veut qu'on respecte sa religion, il respecte celle des autres; il prie Dieu pour eux, et cherche à les édifier par ses bons exemples.

Cant. 151, 1. 2; *air* 43: *Vom Himmel hoch,*
ou *du Ps.* 100.

Mon cœur bénira désormais
Le nom, le saint nom du Seigneur;
Je célébrerai sa grandeur
Et sa puissance et ses bienfaits.

★

Mon unique plaisir sera
De voir mon Dieu glorifié;
Et le fidèle édifié.
A mes cantiques s'unira.

§ XVII. Devoirs spéciaux envers le prochain.

D. Envers qui avons-nous des devoirs spéciaux à remplir?

R. Envers nos parens et notre famille, envers nos supérieurs et nos inférieurs, envers nos bienfaiteurs et nos amis, envers les affligés et les indigens.

D. Comment Dieu nous ordonne-t-il de nous rappeler ces devoirs?

R. En le priant avec ferveur pour nos père et mère, nos frères et sœurs, nos supérieurs, et pour tous ceux avec lesquels nous nous trouvons en relation.

D. Quels devoirs avons-nous à remplir envers nos père et mère?

R. Dieu nous commande de les honorer, de les aimer et de leur obéir, et nous promet en retour sa bénédiction pour toute notre vie.

Cant. 94, 5 ; *air* 28 : *O Gott, du frommer Gott.*

Tes parens ont conduit tes pas dès ton enfance ;
Tu leur dois le respect, l'amour, l'obéissance ;
C'est alors que les jours que Dieu t'a destinés
S'écouleront en paix, nombreux et fortunés.

D. Comment devons-nous leur témoigner ces sentimens?

R. En leur parlant avec soumission et avec confiance, en suivant religieusement leurs bons conseils, et en cherchant de tout notre cœur à leur complaire en toutes choses.

D. Que devons-nous faire pour les membres de notre famille?

R. Nous devons vivre en bonne intelligence avec nos frères et sœurs, respecter ceux de nos proches qui sont plus âgés que nous, et suivre leurs avis avec docilité.

D. Quels sont nos devoirs envers nos supérieurs?

R. De leur être soumis, parce que toute puissance est établie de la part de Dieu, et de prier pour eux.

D. Quelles grâces devons-nous demander à Dieu pour eux?

R. Celle de les-aider à remplir dignement les difficiles et importantes fonctions dont ils sont chargés pour le bonheur de tous.

Cant. 205, 3 ; *air* 49 : *Wie gross ist des Allmæcht'gen,*
ou *du Ps.* 118.

Que ta sagesse les éclaire
Sur nos plus réels intérêts !
Et que le désir de te plaire
Leur dicte, ô Dieu, tous leurs projets !
Dispense-leur en abondance
L'Esprit de toute vérité,
De bon conseil, de prévoyance,
De zèle et de fidélité.

D. Que devons-nous à nos inférieurs ?

R. Nous devons les traiter avec la douceur et l'hon-
nêteté avec lesquelles nous aimons à être traités nous-
mêmes ; c'est ainsi que le chrétien doit agir envers tout
le monde.

Cant. 192, 5 ; *air* 49 : *Wie gross ist des Allmæcht'gen,*
ou *du Ps.* 118.

Il voit tes dons, céleste Père !
Descendre sur tous tes enfans ;
Chaque mortel qui te révère
A droit à ses soins bienfaisans.
Tu l'observes, ton cœur l'approuve,
Ta faveur repose sur lui ;
Ta providence fait qu'il trouve
Son bonheur dans celui d'autrui.

D. Quels devoirs avons-nous à remplir envers nos
bienfaiteurs ?

R. Ceux de la reconnoissance, qui nous porte à les
aimer et à chercher tous les moyens de les obliger à
notre tour.

D. Quels sont nos devoirs envers nos amis?

R. Ceux de la fidélité et de la sincérité, qui seuls établissent et conservent la confiance réciproque.

D. Quels sont nos devoirs envers les affligés?

R. De prendre part à leurs chagrins et de les con-soler.

Cant. 192, 3 ; *air* 49 : *Wie gross ist des Allmæcht'gen,*
ou *du Ps.* 118.

> Non, Seigneur, l'homme impitoyable
> N'ose aspirer à tes faveurs,
> Lui qui voit souffrir son semblable
> Sans être attendri de ses pleurs.
> Celui dont le cœur s'intéresse
> Aux maux qu'il cherche à soulager,
> Trouvera seul, dans sa détresse,
> Ton bras prêt à le protéger.

D. Quels sont nos devoirs envers les indigens?

R. De les assister de nos dons et de nos aumônes, selon le degré de leurs besoins et de nos moyens.

Cant. 201, 1 ; *air* 16 : *Je chanteraï, Seigneur.*

> Heureux qui d'une main et d'un cœur charitable,
> Soulage l'indigent dans ses nécessités!
> Dieu saura lui prêter son secours favorable
> Dans toutes ses adversités.

D. Qu'est-ce que Dieu nous promet, si nous nous ac-quittons de ces devoirs?

R. Sa bénédiction sur la terre et ses récompenses dans le ciel, soit que nous ayons été en état de faire de grandes ou de petites aumônes.

Cant. 203, 4 ; *air* 49 : *Wie gross ist des Allmæcht'gen,*
ou *du Ps.* 118.

Ah ! de la veuve charitable
Le faible don plut au Seigneur ;
Ta faible aumône est agréable
A celui qui regarde au cœur.
Si tu peux combler l'indigence
De dons fréquens et généreux,
Donne cours à ta bienfaisance,
Dieu te le rendra dans les cieux.

§ XVIII. De l'assistance que Dieu nous accorde pour faire le bien.

D. Suffit-il de connoître la loi de Dieu pour l'observer ?

R. Non, il faut encore que nous nous rendions maîtres des mauvaises inclinations qui nous en détournent.

Cant. 181, 1. 3 ; *air* 47 : *Wer nur den lieben Gott.*

Mon Dieu ! quelle guerre cruelle !
Je trouve deux hommes en moi :
L'un, à tes volontés rebelle,
Me soulève contre ta loi ;
L'autre, sur tes ordres, Seigneur !
Veut à jamais régler mon cœur.

★

Hélas ! en guerre avec moi-même,
Où pourrai-je trouver la paix !
Je ne fais pas le bien que j'aime,
Et je fais le mal que je hais !

Mon cœur séduit par le péché,
N'en est pas encor détaché.

D. Qu'est-ce que Dieu nous promet à cet effet?

R. La grace de son Esprit, qui fortifie notre bonne volonté et qui nous facilite la pratique de nos devoirs.

Cant. 83, 2; air 9 : Begleite mich, o Christ.

Dieu puissant, scrutateur intime
De mon cœur, formé de ta main!
Dans cet impénétrable abime
Tu fais luire un flambeau divin.
Tu le mens d'un mot, tu le guides,
Tu sais en des transports rapides
Transformer son moindre désir;
A ta voix tu le rends sensible,
Et du devoir le plus pénible
Tu fais son plus noble plaisir.

D. Quelle est la première chose à faire pour obtenir ce secours?

R. Il faut sentir vivement combien on en a besoin, et le demander fréquemment à Dieu par la prière.

Cant. 77, 3; air 47 : Wer nur den lieben Gott.

Je suis faible, et dans ma carrière,
Je puis sans cesse m'égarer;
Seigneur, exauce ma prière!
Par ton Esprit viens m'éclairer!
Que ce fidèle conducteur
Réside à jamais dans mon cœur!

D. Que faut-il faire de plus?

R. Il faut unir à la prière la vigilance par laquelle
on se rend compte chaque jour de sa conduite.

Cant. 135, 3 ; *air* 49 : *Wie gross ist des Allmæcht'gen,*
ou du Ps. 118.

> Je prie, et du jour qui va luire
> Je me trace l'utile emploi ;
> Je vois, Seigneur, pour me conduire,
> Ta droite s'étendre sur moi !
> Je prie ; et si je fus coupable,
> Je prends, à tes pieds abattu,
> L'engagement inviolable
> De retourner à la vertu.

D. A quoi parviendrons-nous par ces moyens ?

R. A repousser les tentations, c'est-à-dire à résister
à tout ce qui nous entraîneroit au mal.

Cant. 182, 1 ; *air* 5 : *Alle Menschen müssen.*

> Chrétiens, qui voulez apprendre
> A bien servir le Seigneur,
> Ne vous laissez pas surprendre
> Aux pièges du tentateur !
> Combattre est votre partage :
> Résistez avec courage
> A vos désirs vicieux,
> Pour régner un jour aux cieux.

D. Si nous nous laissons entraîner par les tentations,
cela prouvera-t-il que Dieu nous ait refusé ses secours ?

R. Non ; mais cela prouvera que nous n'avons pas

fait ce qu'il falloit pour obtenir ces secours, pour en profiter et pour nous garder du mal.

Cant. 82 , 6; air 28 : O Gott , du frommer Gott.

Que le juste, à toute heure, appréhende sa chute !
S'il tombe, cependant qu'à lui seul il l'impute !
Maître de tous ses pas, arbitre de son sort,
L'homme a devant les yeux et la vie et la mort.

D. Au contraire, si nous remplissons nos devoirs, de quoi devrons-nous toujours nous souvenir ?

R. Qu'il ne faut pas nous en glorifier, et que nos vertus sont encore imparfaites.

Cant. 95, 1 ; air 32 (du Ps. 103).

Si notre cœur est vertueux et sage,
Préserve-nous d'en tirer avantage
Et d'oublier notre fragilité !
Fais-nous sentir, Grand Dieu, ce que nous sommes!
Que les vertus et les œuvres des hommes,
Le plus souvent, ne sont que vanité.

D. A qui faut-il donc rendre gloire de tout le bien que nous faisons ?

R. A Dieu qui nous a mis en état de le faire.

Cant. 95, 6 ; air 32 (du Ps. 103).

C'est toi, Grand Dieu, dont la bonté suprême
Me fit toujours choisir le bien que j'aime,
Me rappela quand j'allois m'oublier !
Fais que l'orgueil soit banni de mon âme!
Pour la vertu qu'un zèle pur m'enflamme,
Et que mon cœur sache s'humilier !

§ XIX. De la connoissance que Dieu prend de notre conduite, et de ce qu'il nous réserve en conséquence.

D. Dieu sait-il si nous travaillons ainsi à faire notre devoir et à nous garder du mal?

R. Oui, Dieu sait tout, il connoît toutes nos actions et toutes nos pensées.

Cant. 12, 1; *air* 4: *An Wasserflüssen.*

Seigneur, tu m'as donné l'être,
La vie et le mouvement :
Le jour où tu me fis naître
Tu sus mon dernier moment!
Que l'homme agisse ou repose,
Ce qu'il fait, ce qu'il dispose,
Avant le temps fut écrit :
Comme en un livre tracées,
Tu lis toutes les pensées
Que produira son esprit.

D. Pourquoi est-il essentiel de nous rappeler cette toute science de Dieu?

R. Parce qu'elle nous inspire la crainte de faire le mal, et le désir de remplir tous nos devoirs alors même que personne ne nous voit; car nous sommes toujours sous les yeux de Dieu.

Cant. 12, 6; *air* 4: *An Wasserflüssen.*

Devant lui l'abîme s'ouvre,
De ses rayons éclairé ;

Le voile obscur qui nous couvre
Sous ses pas est déchiré.
L'ombre fuit quand il l'ordonne ;
Les objets qu'elle environne,
Son œil les distingue tous ;
La nuit la plus ténébreuse
Est pour lui plus lumineuse
Que le jour ne l'est pour nous.

D. Si l'homme se garde de faire le mal et s'applique à faire le bien, qu'est-ce que Dieu lui réserve ?

R. Sa bienveillance dans ce monde et un bonheur éternel dans le ciel.

Cant. 97, 5. 7 ; air 16 : *Je chanterai, Seigneur.*

Je veux, dit le Seigneur, prendre soin de sa vie,
Puisqu'en mon assistance il met tout son espoir ;
Il saura sur quel bras sa vertu se confie,
Il saura quel est mon pouvoir.

✱

Son bonheur fleurira dans un long cours d'années,
Puis je lui ferai part du salut de mes saints ;
Bientôt il jouira des hautes destinées
Qu'au ciel lui préparent mes mains.

D. L'homme de bien n'éprouvera-t-il donc aucune affliction sur la terre ?

R. Il pourra en éprouver, et elles serviront à le rendre meilleur ; mais Dieu saura toujours le soulager et l'en délivrer lorsqu'il en sera temps ; le Seigneur dit :

Cant. 97, 6; *air* 16 : *Je chanterai, Seigneur.*

Lorsqu'il m'invoquera, fléchi par sa demande,
Je rendrai le repos à son cœur affligé ;
Avant même qu'aux cieux sa prière se rende,
    Il sera déjà soulagé.

D. Si au contraire l'homme fait le mal, comment Dieu en use-t-il envers lui ?

R. Il le supporte avec patience, et l'invite à se repentir et à se corriger.

Cant. 179, 1. 2 ; *air* 33 (*du Ps.* 116).

Reviens, pécheur, te soumettre à la loi
Du Dieu de paix dont la bonté t'appelle !
Tu n'as été déjà que trop rebelle ;
Reviens à lui, puisqu'il revient à toi !

★

Sans se lasser, en tous lieux il te suit ;
Dans tes écarts sa voix se fait entendre ;
D'un Dieu d'amour, du père le plus tendre
Le cœur te cherche, et ton ame le fuit !

D. Si le pécheur se repent et se corrige, qu'est-ce que Dieu lui promet ?

R. De lui pardonner ses fautes par sa miséricorde.

Cant. 178, 2 ; *air* 49 : *Wie gross ist des Allmæcht'gen,*
    ou *du Ps.* 118.

Daigne, Seigneur, sur le coupable
Jeter un regard paternel !

6*

Confonds le crime détestable,
Mais épargne le criminel !
Oui, de ta suprême justice,
Grand Dieu ! l'honneur est réparé,
Quand ta clémence arrache au vice
Le cœur dont il s'est emparé !

D. Si le pécheur refuse de se repentir, à quoi doit-il s'attendre ?

R. A être tourmenté tôt ou tard par des remords qui lui feront sentir qu'il est privé de la paix de Dieu.

Cant. 105, 2. 5 ; *air* 58.

Dans ses honteux plaisirs il cherche à se cacher ;
Un éternel témoin les lui vient reprocher :
Sa conscience parle ; austère, menaçante,
Elle remplit d'effroi son ame impénitente.

*

Ah ! s'il n'est point de paix, grand Dieu, pour le méchant,
Garde-moi des péchés qui causent son tourment !
Fais que, suivant ta loi, sûr de ta bienveillance,
Je goûte le repos qué donne l'innocence !

D. Le méchant ne peut-il pas cependant jouir de beaucoup d'avantages sur la terre ?

R. Oui, mais la malédiction de Dieu n'en repose pas moins sur lui.

Cant. 102, 3 ; *air* 9 : *Begleite mich, o Christ.*

En vain le méchant se confie
En sa longue prospérité ;

Le Ciel enfin se justifie,
Et confond son impiété :
Tout-à-coup son ame coupable,
Victime du Dieu qui l'accable,
Se perd dans un sombre avenir :
Sa gloire, à l'instant effacée,
De sa félicité passée
Laisse à peine le souvenir.

D. Qu'arrivera-t-il enfin aux méchans incorrigibles ?

R. Dieu les séparera pour jamais des justes, et les condamnera aux plus sévères punitions dans le monde à venir.

Cant. 239, 8 ; *air* 4 : *An Wasserflüssen.*

Sévère juge, bon père,
Dieu sépare sans retour
Les objets de sa colère
Des objets de son amour :
Son inflexible justice
Et sa charité propice
Rendent, par un saint accord,
L'arrêt de mort et de vie
Qui du juste et de l'impie
Règle pour jamais le sort.

D. A quoi l'idée du bonheur réservé aux justes, et des punitions qui attendent les méchans, doit-elle nous engager ?

R. A vivre sagement, afin de pouvoir un jour nous présenter devant Dieu sans crainte, et d'avoir part à la félicité qu'il nous destine.

Cant. 235, 2. 4. 5.; air 24 : Meinen Jesum lass ich.

Songe à marcher à grands pas
Dans le sentier salutaire
Qu'un jour tu souhaiteras
D'avoir suivi sur la terre ;
Quand l'inévitable mort
Viendra terminer ton sort.

*

La foi qui, du Rédempteur,
Sut partout suivre les traces ;
Et qui seule, du Sauveur,
Peut nous obtenir les graces ;
C'est là l'unique trésor
Qui nous reste à notre mort.

*

Mais, si tu veux l'acquérir,
Aime ton Dieu ; veille et prie !
Chaque jour, prêt à mourir,
Pense au terme de ta vie !
La mort ne répand d'horreur
Que dans l'ame du pécheur.

Prière du matin.

Notre aide soit au nom de Dieu, qui a fait le ciel et la terre. Amen.

Je te remercie, ô mon Père céleste, de ce que tu m'as protégé pendant la nuit passée, et de ce que tu me fais voir en bonne santé ce jour nouveau. Daigne me bénir, ô mon Dieu, et m'accorder ce que tu sais, mieux que moi-même, m'être nécessaire. Prends sous ta protection paternelle mes parens, mes frères et sœurs, et les maîtres qui m'instruisent. Etends sur tous les hommes qui sont, comme moi, tes enfans, les effets de ta bonté. Accorde-moi la grace de faire de cette journée un bon usage, en remplissant tous mes devoirs et en marchant sur les traces de J. C., mon Sauveur. Amen.

> Source de lumière et de vie,
> Mon Dieu, mon Seigneur et mon Roi !
> J'implore ta grace infinie,
> Dès le matin exauce-moi !
> Enseigne-moi ce qu'il faut faire
> Pour plaire à tes yeux en ce jour !
> Que ton divin Esprit m'éclaire
> Et m'enflamme de ton amour. Amen.

Terminez l'acte de dévotion du matin par la récitation de l'Oraison dominicale, pag. 41, et du Symbole des Apôtres, pag. 4.

Prière du soir.

Notre aide soit au nom de Dieu, etc.

C'est ta bonté, ô mon Dieu, qui m'a gardé pendant

ce jour; sois encore pour cette nuit mon protecteur, et le protecteur de mes père et mère, de mes frères et sœurs, et de tous ceux à qui je dois amour et reconnoissance pour les soins qu'ils me donnent. Si je me suis écarté de quelqu'un de mes devoirs aujourd'hui, fais-moi la grace de le reconnoître et de me corriger; aide-moi, ô mon Dieu, à devenir de jour en jour meilleur et plus fidèle aux préceptes de J. C., mon Sauveur. Amen.

Sous tes secourables auspices,
Seigneur! nous achevons ce jour.
Qu'encor la nuit tes soins propices
Nous garantissent ton amour!
Sois notre garde et notre asile!
Joins aux biens que tu nous as faits,
La douceur d'un sommeil tranquille,
Et le sentiment de ta paix.   Amen.

Terminez l'exercice par la récitation de l'Oraison dominicale et du Symbole des Apôtres.

Prière avant le repas.

O notre Dieu! nous te remercions des biens que tu nous accordes; fais que nous en usions avec modération, et que nous vivions pour t'aimer.   Amen.

Prière après le repas.

Nous te rendons grace, ô notre Père, des biens dont tu nous fais jouir. Conserve-nous ta gratuité. Donne-nous toujours le pain de notre ordinaire, et que nous puissions en faire part à notre frère indigent! Amen.

Prière en entrant en classe.

Notre Père céleste! nous te remercions des secours que tu nous accordes pour notre instruction! Aide-nous toi-même à les mettre à profit! Rends-nous intelligens, attentifs, dociles, et fortifie notre mémoire, afin que nous puissions bien comprendre et retenir les choses qui nous sont enseignées! Inspire-nous le respect par lequel nous devons témoigner notre reconnoissance au maître qui nous dirige, et que ses soins concourent à nous rendre de jour en jour plus sages et plus agréables à tes yeux, par J. C. notre Seigneur. Amen.

Prière à la fin de la classe.

Nous te bénissons, ô notre Dieu, des bonnes leçons que nous avons reçues; fais que nous les retenions dans notre esprit, de telle sorte qu'elles concourent à nous attacher de plus en plus à tout ce qui est bon, pur et honnête, et à nous rendre plus facile l'observation de tes saints commandemens. Exauce-nous pour l'amour de ton fils, notre Seigneur J. C. Amen.

Prière avant la catéchisation.

A ton école, divin maître!
Nous sommes venus nous former;
Enseigne-nous à te connoître!
Toi-même, apprends-nous à t'aimer;
Seigneur, imprime-nous ta crainte!
Fais que, dociles à ta voix,
Nourris de ta parole sainte,
Nos cœurs soient soumis à tes lois!

Prière après la catéchisation.

Nous adorons cette loi sage
Que l'on vient de nous expliquer :
Achève, Seigneur, ton ouvrage,
Aide-nous à la pratiquer.
Ah ! fais que dès la tendre enfance,
Passant nos jours à te servir,
Grand Dieu ! notre unique science
Soit de t'aimer, de t'obéir !

Prière en entrant à l'église.

O Dieu ! donne-moi un esprit de recueillement et de sagesse, afin que je profite des enseignemens de ta parole, et que je te rende un culte qui te soit agréable, par J. C. notre Seigneur. Amen.

Prière au sortir de l'église.

Que les prières et les hymnes auxquelles je viens de m'unir, que les paroles de ma bouche et la méditation de mon cœur te soient agréables, ô mon Dieu ! Que les impressions que viennent de produire en moi les leçons de ton Evangile soient profondes et permanentes pour la vie éternelle ! Amen.]

De l'imprimerie DAUMONT, avenue de St.-Cloud, no 3, à Versailles.

www.ingramcontent.com/pod-product-compliance
Lightning Source LLC
Chambersburg PA
CBHW051120050726
47594CB00003B/881